누군가의 가슴에

이근풍 시집

오늘의문학사

▪ 序文

시의 보석을 찾아

시 광산에서 일한 지 20여 성상이 지난
아직까지도 보석 하나 찾아내지 못했다.

세월이 흘러가도
시를 사랑하는,
식을 줄 모르는 열정으로
언젠가는
보석 하나 반드시 캐내리라.
앞으로도 이 여행을 계속하리라.

‖ ‖ ‖ ‖ ‖ **차례** ‖

2부 희망 하나로

3부 세월의 지우개

4부 어머니의 품

5부 시인의 가슴

6부 행복의 터전

제1부

나누는 사랑 속에

이른 봄이면

새 생명의 숨결소리
들려오는
이른 봄이면
감동을 모르고
살아가는 사람들도
느낌표를 찍네.

멀리서 들려오는
봄날의 찬가
가까이 번져오는
꽃의 향기
점점 커져가는
심장의 고동소리.

푸르른 꿈

고이 간직해 온
푸르른 꿈이
아름다운 꽃송이로
피어나면

지지 않게
오래도록
가꾸어 가는 건

자신의 마음가짐
손길이라네.

행복은

그대, 얻을 수 있는
참된 행복
작은 것의 소중함
깨달음이라네.

자신을 사랑할 줄 알고
남을 사랑할 줄
아는 마음이라네.

가난 질병
좌절의 고통
고루 맛 본 후에
얻은 기쁨이라네.

어떤 그리움

비 내리는 날이나
바람 불어 오는 날
눈 내리는 날이면
왠지
그대가 그리워지네요.

평범한 일상에선
잊고 살다가
외롭거나 기쁠 때면
그대 향한 그리움
더 해지네요.

꽃동산

자연이 가꾸어 놓은
동산에 올라
아름답게 피어난 꽃
그 향기와 함께
하루를 보내네.

가슴에 배어들어
지워지지 않고
새롭게 피어나네.
하루하루의 삶도
새로워지네.

꽃 앞에 서면

꽃 앞에 서면
자신이 초라해지네.

세속에 찌든 마음
보이는 것 같아
자신이 부끄러워
고개 들지 못하네.

꽃 앞에 서면
평소의 마음가짐
얼마나 소중한가
깨닫게 되네.

불간섭의 원칙

그대 일만으로도
힘이 겨운데

남의 일에
콩이다 팥이다
끼어들기 말라하네.

콩이면 뭣하고
팥이면 뭣하겠는가.

마음 편히 살아가는 길
불간섭의 원칙
지켜가는 것이라네.

누군가의 가슴에

한 편의 시가
누군가의 가슴에
희망 사랑 행복으로
피어났으면…

누군가의 가슴에
물결로 출렁이고
꺼지지 않는 불씨로
남아 있으면…

때로는
누군가에게
가슴 따뜻해지는
눈물이 되었으면.

고향집 감나무

오랜 세월 가족과 함께
고락을 같이한 나무.

이제 세월의 무게
이겨내지 못해
주저앉아
일어나지 못 하네.

매년 가을이면
수많은 행복의 열매
선물했는데
안타까운 이별 앞에
눈 이슬이 맺히네.

기회를 잃고

그대에게 받은 사랑
돌려주지 못 했네.
어찌어찌 하다가
기회를 잃고
돌려주지 못한 사랑
빚으로 남아있네.
돌이킬 수 없는 상처가
무지개처럼 아른아른
가슴에 남아 있네.

고독

들어오는 문은
열려 있어도
나가는 문은
닫혀 있는지
한 번 들어오면
떠날 줄을 모르네.

궁금증

담장에 철조망 둘러진
호화 주택

한 떨기 백합처럼
순결한 마음을 가진 사람이
살고 있는지

가시 돋친 사람이
살고 있는지

아, 글쎄, 공연히 궁금하네.

불일암에서

가산형과 같이
불일암 찾아 갔을 때
참선하고 계시는
법정스님 영을 보았다.

새로운 법문 남기시고
떠나시는 스님
그림자를 보았다.

〈무소유〉
가슴에 새기고
살아가다가
정신 헤이해질 때면
다시 찾아오리라는
다짐을 하였네.

뒤돌아섰을 때
무거웠던 발걸음이
가볍네.

생명의 꽃

단 한 번밖에
피울 수 없는 꽃이 아니던가.

그처럼 아름답고
고귀한 꽃이라면
소중하게 가꾸어야 할
꽃이 아니던가.

지금 그대는
그대의 생명의 꽃을
어떻게 가꾸고 있는가.

먼 훗날 후회 없도록
다시 한 번 돌아보게.

별을 찾아

어디를 찾아보아도
그대 모습 보이지 않네.

별자리 찾아보아도
그대 별 보이지 않네.

지상地上에서도
천상天上에서도
보이지 않는 그대

천지간天地間을 누벼도
찾을 길 없네.

나누는 사랑 속에

삶이 즐거우면
세월도 비껴간다.
나누는 사랑 속에
꽃피는 행복.
일상의 고뇌도 시름도
모두 잊게 한다.

봉곡 선생님을 기리며

싱그러운 향기 묻어나는
신록의 5월
선생님께서 좋아하시던
클로버 잎도
활짝 피었네요.
행운의 상징 네 잎 클로버
유난히 좋아하셨던 선생님,
동심으로 돌아가
클로버 하얀 꽃송이로
꽃반지 손목시계
꽃목걸이 만들어
첫사랑 누나에게
선물했던 옛 추억
생생하게 떠오른다며
박꽃 같은 웃음
터뜨리셨던 선생님 모습
오늘따라 더욱
선명히 떠오르네요.

친구 떠나던 날

그대 떠나던 날
하늘도 슬펐는지
눈물을 뿌리네요.
그 눈물 또 한번
가슴을 적시네요.
무너지는 가슴
주체할 수 없네요.
말문이 막혀
할 말 잊게 되네요.
이런 아픔 다시 없길
바라지만
두려움 앞서네요.
그대와 같이 했던
지난날의 추억
새록새록 새싹으로
돋아나네요.
그대와 나누었던
따뜻한 우정
가슴에 새기는
그대와의 이별

아프고 쓰린 마음
어찌 표현하리요.
이승에서의
못다 한 이야기
저승에서 만나
할 밖에요.
이승에서의 시름
모두 내려놓으시고
편히 쉬시옵소서.
다시 만나 이승에서의
이야기 보따리
풀어놓을 그날까지.

친구의 사랑이야기

결혼한 지 40여 성상을 행복하게 살아왔던 아내가 시한부 말기 위암 판정을 받게 되었단다.

자신의 힘으로 해 줄 수 있는 일이란 작은 불편 덜어주는 병수발 이외에 아무것도 해 줄 수 없었던 친구는 자신의 능력 한계에 한 줄기 빛도 보이지 않고 어둠뿐이었단다. 친구는 아내의 힘겨운 투병생활을 알고 있으면서도 아내가 자기 곁에 오래도록 있어주기 바라는 마음으로 기도했단다. 그러던 어느 날 아내는 자신의 죽음을 예감이라도 한 듯, 마지막 부탁이라며, 비록 저승에 간다 해도 사랑했던 당신과 항상 같이 있고 싶다면서 자신의 수의 속에 사진 한 장 넣어 달라는 유언을 남기고 숨을 거두었다며 생전 아내의 뜨거웠던 사랑을 생명의 불꽃 꺼지는 그 날까지 어찌 잊을 수 있겠냐며 눈물 흘리더란다.

비록 사람은 떠난다 해도 살아있는 자의 가슴에 남아있는 사랑은 영원한 것일까.

조상님 기일을 맞아

자손들이 터전 잡고
행복하게 살아갈 수 있는
오늘이 있기까지
숭고한 사랑으로 보살펴 주신
조상님의 높고 크신 은덕을 기립니다.

조상님의 기일을 맞아
온 가족 한 자리에 모여
사랑과 정성 담아
조촐한 젯상을 마련하였사오니
감음하시옵고
앞으로도 변함없으신 사랑으로
보살펴 주시옵소서.

저희 자손 일동은
조상님의 은혜
다시 한 번 가슴에 새기며
큰 절 올립니다.

제2부

희망 하나로

이른 봄 날

밖에 나가면
어디선가 들려오는
꽃망울 터지는 소리

잠에서 깨어난
새 생명의 숨결소리

새로운 인연을
만날 기쁨에
아, 내 가슴이 뛰네.

민들레 편지

새 소식 봄 편지로
기쁨 전하네.

이른 봄날 받은 편지
사랑 가득 담겨있네.

그 편지 받은 날은
행복으로 설레네.

편지에 담긴 사연
희망으로 꽃이 피네.

민들레 꿈

태어나면서
하늘 날고픈 꿈을 꾼다.
꽃피우고 남긴 홀씨
바람을 타고 멀리 날아
자리 잡고 번성하리라.
자신만의 영역에서
노란 깃발 흔들며
행복의 꿈 가꾸어 가는
끈질긴 생명력
보는 민초들마다
민들레를 "꿈"꾸며 산다.

복사꽃

가슴에 담아 두었던
사랑 고백
수줍어 얼굴 붉히네.

누구에게나 친근감
정다운 눈길 주는
누나 닮은 꽃.

오랜 기다림
누나의 사랑을 담은
꽃 편지를 띄우네.

포도밭에는

고향마을 포도밭에는
송이송이 맺인
부모님의 땀방울
가슴 따뜻해지는
사랑 이야기가 있다.

어느 때 들어도
감미로운 사랑의 노래
맑은 향기가 스며든다.

하나하나 풀어내야 할
남아있는 이야기가 곱다.

아름다운 것은

가쁜 숨 몰아쉬며
높은 곳을 향하여
달려가는 사람들.

세상을 보면
가슴으로 흐르는
따뜻한 정
모든 아름다운 것은
낮은 곳에 있다.

세태는 변해도
잔잔하게 흐르는 물결
그 아름다움은
낮은 곳에 있다.

꽃에게

오래도록
곁에 있어주길
바랬었는데….
아름다움 향기만
가슴에 전하고
어느 날 말없이
떠난 자리에
눈물의 흔적만
남아 있었네.

꽃을 보면서

예전엔
아름다운 꽃 보면서도
다시 볼 수 없으리라는 생각
해본 일 없었는데….
이제는
아름다운 꽃 보면서
다음 해에 또 다시
볼 수 있을까 하는
아쉬움이 남네.
꽃 한 송이 아름다움에
더 깊은 애정이 솟네.

코스모스

전형적인 우리네
여인상이다.
사랑이 전이되며
가슴 따뜻해진다.
가까이 다가가면
사랑의 무늬
가슴에 새긴다.
잊혀지지 않도록
바람에 새긴다.

사랑 소고

그대 누군가에게
사랑고백을 하고 싶다면
사랑의 배달부를
기다리지 말라.
그대가 직접 배달부가 되어
사랑을 전하라.

어머니

어머니를 생각하면
가슴이 따뜻해진다.
삶의 피로도
사르르 풀린다.
어머니!
나직하게 불러 봐도
가슴이 뛴다.
각박했던 마음도
넉넉해지고
새로운 희망이
해처럼 밝게 솟는다.

어머니 모습

고향 찾아 가는 날이면
맨 처음 눈에 들어오는 건
웃으시며 반겨주시던
어머니 모습이었네.

떠나 올 때에도
또 다시 세월이 흘러
찾아 갔을 때에도
변함없는 사랑의 불씨였네.

가슴에 남아 지워지지 않는
어머니의 참 모습이여.

어머니 사랑

퍼내어도
퍼내어도
마르지 않는 샘물 같은
어머니 사랑.

날마다
새로움 샘솟는
어머니 사랑

길이길이
간직하고 싶은
어머니 사랑

희망 하나로

얽힌 삶의 매듭
풀리지 않을 때도,
그 매듭 아무도
풀어주지 않는단다.

풀어 낼 수 있는 사람
오직 자신뿐이란다.

풀려하면 할수록
조여 오는 삶의 매듭

언젠가는 풀리리라는
희망 하나로
끊임없이 노력하며
살아가란다.

마음의 문

누가 우리들의 마음을
굳게 닫았을까.

한 번 닫힌 마음의 문은
어떤 열쇠로도
열리지 않더니….

마음의 문
열 수 있는 유일한 열쇠가
사랑이라네

가슴에 이는 바람

아직도 손잡으면
따뜻한 전류
온몸으로 흐르는데,

이제 잡았던 손
놓을 때 되어가네.

그대 손잡고
인생길 걸어온 동안
온 세상이 내 것인 양
행복 했는데.

손 놓을 때 생각하니
가슴에서 이는 바람
삼한사온이었네.

삶의 고뇌

가족의 어려움
혼자 풀어 내려했던 아내.

가슴에 담아 둔
삶의 고뇌
풀리지 않을 때면
답답한 가슴
긴 한숨으로
풀어냈단다.

때로는 흐르는 눈물을
아무도 없는 곳에서
닦아내야 했단다.

가을 고개

코스모스 들국화가
가을 고개를 넘네.
코스모스
뒤따르는 들국화,
앞서거니 뒤서거니
정다운 이야기,
주고받으며
가을 고개를 넘네.

새벽 별

임을 기다리는
여인女人의 눈빛인가.

밤새워 기다리는
여인女人의 마음인가.

새벽이면 그 눈빛이
더욱 빛나네.

첫 눈

깊어가는 겨울 밤
창 밖에서 들려오는
정다운 이야기.

밤새도록 들어도
지루하지 않네.

시간이 흐르면
다시 듣고 싶은 이야기로
가슴에 생생하네.

제3부

세월의 지우개

봄 편지

기다리던 편지가
날마다 오네.

멀리서 유채꽃이
편지 보내면
다음은 매화가
그 다음은 진달래가
향기 담아 보내네.

받아 읽을 땐
감동의 물결
온 몸으로 번지며
그 향기 오래도록
가슴에 남아있네.

꽃은

아름다움 전하는
사랑의 전도사다.
보는 이의 마음을
밝게 해주고
지난날의 삶
되돌아보게 해준다.
어떤 역경 아래에서도
아름다운 꿈을 꾸고
희망 꽃을 피운다.

백일홍 1

불타오르는 넋은
뜨거운 가슴에
남아 있는 순정이네.

밝게 피어나는
사랑의 아름다움으로
가슴을 물들이네.

백일홍 2

아름답고 순결한 사랑
가슴에 담고
살아가다가
가슴에 담은 사랑
이루지 못하고
요절한 아가씨의 넋이
꽃으로 피어났는가.
오랜 기다림
언젠가는
만날 수 있으리란
기대와 희망,
꽃으로 피어나
그리는 임 오시는 날을
기다리는가.

봉선화

봉선화 꽃
아롱진 눈물
지워지지 않네.
방울방울 떨군
한 서린 눈물 흔적
세월의 물줄기에도
씻기지 않네.
아름다운 마무리
풀어내지 못한 한恨
가슴으로 풀어내네.

세월의 지우개

영원할 것 같은 부귀영화
생명의 숨결

누구나가 염원하는
사랑 행복에 이르기까지
세월의 지우개로
지우려 말고
스스로 조금씩
지워 간다면

처음은 두려워도
시간이 흐를수록
삶도 마음도
여유로워진다네.

꿈

날마다 꿈을 꾼다
새로운 꿈을 꾼다
내일을 열어 갈 수 있도록
준비해 주고
풍요로운 미래
맞게 해준다.
자유롭게 창공을
날 수 있도록
나래를 달아준다.
푸르른 초원
조성해 주고
희망 행복의 꽃을 피운다.

가을 잎새 1

잡은 손 차마
뿌리 칠 수 없어
떠나지 못하고
머뭇거리네.

바람이 갈 길
재촉을 해도
자리 뜨지 못하고
머뭇거리네.

가을 잎새 2

무지개 빛 아름다움
가꾸어 가는
제일의 요건
시간의 여유 갖고
기다리는 끈기란다.
가을 잎새
아름다운 건
한 번에 물들이지 않고
오랜 시간을 두고 조금씩
물들이기 때문이다.

희망 탑

날마다
새로운 마음으로
희망 탑을 쌓는다.
사랑 정성 다하여
탑을 쌓는다.
이렇게 쌓은 탑
무너지는 날
자신도 무너진다는
마음가짐으로
희망 탑을 쌓는다.

미련

지난 날
이루지 못했던
헛된 꿈이다.
자신의 몸에 자라고 있는
해로운 잡초다.
앞 길 가로막는
장애물이다.

가슴앓이

종합검진 받아도
나타나지 않고
어떤 약으로도
치유되지 않은 병
치유할 수 있는 약
오직 한 가지
상대방이 전하는
따뜻한 마음이라네.

아내의 푸념

한 평생 한 길 가며
자기에게 해준 것
뭐냐고 묻네.
자기 짐 나눠지지 않고
내짐까지 지웠다며
행복이며 기쁨보다
고뇌가 많았다네.
한평생 고생만 해온
아내 푸념 듣게 될 때면
인생길 동반자로
할 말을 잃네.

한 마리 나비되어

남아 있는
생명의 불꽃
모두 태우고
어느 따뜻한 봄 날
한 마리 나비되어
푸르른 창공 향해
높이 날으리.

창밖 세상

병실에서 밖을 보니
창밖 세상은
모두가 새로웠다.
꽃은 더욱 아름다웠고
잎새는 더욱 더
푸르렀으며
태양은 유난히
눈이 부셨다.
거리 풍경 하나하나가
활기차 보였다
정다운 이야기
주고 받으며
거리를 걷고 있는
사람들을 보면서
새롭게 깨닫게 된
행복의 의미.

비어있는 가슴

비어있는 가슴
조금도 비워두려 않고

물질로 사랑으로
가슴가득
채우려 하는 사람들

채우려 하면 할수록
비어 있는 공간
더 커져 간다는 걸
알지 못 하네.

마음의 무게

사람들은
자신의 몸무게보다
더 무거운
욕심의 무게를
가슴에 담고
살아간다.

버거워 하면서도
그 무게
덜어내려 않는다.

인생길

산 넘고 물 건너
먼 길 돌아
평지에 다다랐는데
두려울 게 뭐겠는가.

이제 남은 인생 길
산새들의 노래 있고
꽃들의 웃음 있는
주변 정경을 음미하면서

여유로운 마음으로
뚜벅뚜벅 가려네.

새로운 시 친구

새로운 시 친구
만나기 위해
가산형과 같이
여행 떠날 때

오늘 만날 시 친구
어떤 친굴까
상상만 해도
가슴 설렌다.

이왕이면은
맑은 향기 묻어나고
가슴 따뜻한
친구이길 바랬다.

시를 쓰면서

시는 간혹
시인의 마음을 떠 본다.
시를 얼마만큼
사랑하는가
진정성을 떠 본다.
영혼을 밝히는 시
쓰려 하지만
시를 대하면
두려워진다.
시 사랑 이름으로
시를 쓰면서
자신을 기만하지 않는지
다시 한 번 생각하는
시간이 된다.

제4부

어머니의 품

봄날의 들녘

마음이 울적하고
외로울 때면
꽃을 만나러
길을 떠난다.
길 가다 만난
들꽃들이 보여준
맑은 웃음이
떠날 때의 마음에
새로움을 준다.
동화 같은 이야기를
향기로 풀어준다.

들꽃들의 향연

산과 들의 꽃들이
그들의 축제 향연에
초대를 하네.
초대된 사람들
그 아름다움
향연에 취해
시간가는 줄 모르고
같이 초대된
벌 나비 새들과 함께
노래하고 춤 추다보면
어느덧 저녁노을
산마루를 넘네.

자목련

푸르른 창공
나래 펼치는 목련,
보고 또 보아도
꽃의 귀족이다.

가까이 다가가면
은은하게 배어나온
매혹적인 향기
의연한 모습이다.

멋진 사나이 모습을
자목련에서 본다.

동백

파도 소리에
눈을 뜨고 귀를 여네.
인고의 세월
쌓인 그리움
꽃망울로 맺네.
해님의 따뜻한 사랑에
가슴을 활짝 여네.

봉선화

아가의
맑은 눈망울이다.
눈길 닿기만 해도
깔깔대는
아가의 맑은 웃음이다.

맨드라미

봄이면 고향집
장독대 옆에
아들의 길을 열어달라는
어머니의 간절한
소망을 담는다.
관을 쓴 맨드라미
꽃씨를 뿌리시던
어머니,
해마다 그 꽃
피어날 때면
지난날의 어머니 모습
선명하게 떠오르네.

백일홍

기다리고 기다려도
오지 않는 임.

임을 만나게 해달라는
간절한 소망을 담아
오랜 기도를 하네.

오지 않는 임,
그래도
타오르는
사랑의 열정을
주체하지 못하네.

향기 짙은 꽃 피워
길손을 맞네.

당신의 꽃

당신이 피워낸
당신의 꽃.
얼마나 아름답고
향기로운가,
스스로 평가해보게.
얼마나 사랑받는 꽃으로
피워냈는가,
객관적인 평가
냉정히 받아보게.

어버이날에

어버이날에
딸애가 사다놓은
카네이션 화분.

아름답게 피어난
진홍색 꽃송이들
생활의 짐을 지시며
타들어간
어버이 가슴이다.

보람으로 피어난
어버이 꽃
한결 같은 사랑 전하는
어버이 꽃이다.

마음의 밭

사람들은 마음의 밭
가꿀 줄을 모르네.
아름다운 꽃 피워낼
꽃씨하나
뿌릴 줄 모르네.
메말라 가는 마음의 밭
촉촉하게 적셔줄
맑은 생수 솟아나는
샘 하나 파려 않네.

행복은

행복은 아무도
선물하지 않는단다.
다른 사람이
선물한 행복
오래가지 못 한단다.
한평생 행복하게
살려한다면
스스로의 행복
찾을 줄 알아야 한단다.
눈과 마음 아름답게
가꿀 줄 알아야 한단다.

꽃의 눈물

그대
꽃의 눈물 보았는가.
그 눈물 보면서
어떤 상념에
사로 잡혀 보았는가.
아름답게 피어나
사랑받던 꽃
마지막 작별인사
그 눈물 보았는가.

어머니의 품

봄날의 햇살보다
따뜻한 곳
세파의 높은 파도도
잠을 재우는
넓고 깊은 바다다.
그 품에 안기면
원한도 미움도
모두 녹아
사랑이 된다.

낙엽

계절의 분수령에서
손 흔들어 작별인사하고
살 비비고 살아온 정
잊지 못한 때문인지
선뜻 떠나지 못 하네.
정다운 이웃으로
살아온 정 미련 버리고
떠나라 해도 머뭇거리네.

고향

사계절
그림 같은 고향 풍경
가슴에 피어나면

마음은
고향으로 떠나지만
발길은 제자리다.

고향 떠난 세월만큼
고향도 자신도
찾아 갈 때마다
낯설어지는 고향

나그네 마음으로
되돌아오네.

고향 마을은

유년시절을 보낸
고향 마을엔
갖가지 사연
아름다운 추억
소중하게 보관한
보물 창고가 있다.
살아가며
나그네길 외로울 때엔
고향 찾아가
그 보물 하나씩
꺼내 보면
세속의 고뇌도
씻겨나가고
새로운 희망 샘솟는
원동력 된다.

고향 냇가에서

고향 마을 냇가
그리도 많던 물고기들
어디로 이사했는지
사람들은 모른다.
창조주도
자연 사랑하고
아름답게 가꿀 줄
모르는 사람들에게는

주었던 자원도
거두어 간다.

어느 하나도

행복이거나 불행이거나
어느 하나도
오래도록 한곳에
머무르지 않는단다.
행복하다 취할 일도
불행하다
슬퍼 할 일 아니란다.
어느 날 예고 없이
찾아 왔다가
어느 날 예고 없이
떠나간단다.

가슴에 담아두면

작은 상처라 해도
가슴에 남아있다면
모두 잊으라한다.
가슴에 담아 두면
더 큰 상처가 된다.
그 상처 깊어지면
오랜 세월 흘러도
치유되지 않는다.
치유되지 않는 상처는
자신을 묶고
앞을 막는 장애물이다.

세월의 이끼

맑은 물
흐르는 곳엔
이끼가 끼지 않는다.

세월 따라 흐르는
사람들의 가슴에
덕지덕지 붙어있는
세월의 이끼.

지우려 해도
더 두터워져가는
세월의 이끼.

제5부

시인의 가슴

고향에선

계절 따라 고향에선
새로운 축제 연다며
초청을 하네.

새롭고 정다운
고향의 정경
가슴에 담아 가라네.

가깝고 먼 것은
마음가짐이라며
고향의 따뜻한 정
잊지 말라하네.

고향의 정

고향의 소박한 정
고향 떠나
살아가는 사람들.
식어가는 가슴에
따뜻하게 전이 된다.
언제까지나
가슴에 남아
꽃을 피우고
변함없는 사랑
이어주는 교량이 된다.

고향엘 가도

냇물의 맑은 노래도
멈춘 지 오래며
이른 아침 농민들
단잠을 깨우던
참새들의 합창도
들을 수 없네.
어느 때나
떠 마실 수 있었던
맑은 생수 솟아났던 샘물도
봄 풀 푸르렀던
청보리밭도
보이지 않는 고향
해가 갈수록 변화되는
주변 정경에
이제 고향엘 가도
옛정 묻어나지 않네.

할미꽃

외로움 잊으려는지
아침 해 떠오르는
동쪽 향하고
오가는 길손에게
봄날의 햇살 같은
웃음 전하던 꽃
어느 할애비 유혹에
도시로 떠났는지
이제 주변 찾아보아도
그 모습 보이지 않네.

등불

고향마을 곳곳에
걸려 있던 등불
하나 둘 꺼져가네.
한번 꺼진 등불
다시 켜지지 않으니
마을은 점점
어둠이 짙어가네.

화로

가슴에 품고 있는 불씨
꺼지지 않는다.
그 불씨
새롭게 태어나는
생명이 된다.
사람들의 마음 밝히고
세상을 밝히는
희망의 불꽃이 된다.

등대

밤하늘의 별과 같이
바다를 밝히네.
밤을 지새며
빛나는 눈빛으로
뱃길을 열어주네.
별과 하나 되어
어둠을 털어내네.

가슴에

아직까지 식지 않고
가슴에 남아 있는
따뜻한 사랑 온기.

끝까지 지켜가기 위해
날마다 가슴에
불을 지핀다.

밤하늘의 별 하나

날마다 밤이면
밤하늘의 별 하나
나의 창을 밝힌다.

매일 밤
나의 창을 밝히는
그 별은
전생의 나와는
어떤 인연이었을까.

명절 전날이면

추석이나 설
전날에는
보이지 않는 가신家神

비어 있는 고향집에
불 밝히고 지키면서
집 주인 찾아오길
기다리다가
자정子正이 넘어서도
돌아오지 않을 땐

가신家神도 불을 끄고
잠을 청하네.

가을 오솔길

간다는 소식
전하지 않았는데

다람쥐 청설모가
마중 나오는
가을 오솔길에는
마음 맑게 해주는
노래가 있다.

지나던 사람들이
이곳에 새겨 놓은
지워지지 않는
갖가지 사연
정다운 이야기가 있다.

어느 곳에 가나

세상이
너무 많이 오염 되었나.

어느 곳을 가나
파리 떼가 모여 드네.

모여드는 파리 떼
쫓아내려고
살충제를 뿌려도
잽싸게 피했다가
또 다시 모여드네.

마음의 샘

마음의 샘에선
항상 생수가
솟아나야 하는 거야.
맑은 마음으로
세상을 보아야 하는 거야.
마음은 맑고
넓어야 하는 거야.
마음의 샘은
스스로 파야 하는 거야.
끝까지 깨끗하게
관리해야 하는 거야.

마음의 문

아무나 자유롭게
드나들 수 있도록
마음의 문
열어 두었는데도
들어오는 이 없다.

간혹 불청객
바람만 들어와
휘젓고 간다.

생활의 무게

그대가 지고 가는
생활의 무게
측정하려 말게.
생활의 무게보다
더 무거운 게
마음의 무게라네.
생활의 무게
버겁다 말고
조금씩 줄여 가며
그 결과 지켜보게
무엇이 달라지는지.

시인에게 독자는

사랑 마음으로
시를 읽어주는 독자는
시인들에게
희망을 전하는
가슴 따뜻한
사람들이다.
시인에게 독자는
희망의 불빛
아름다운 향기로
시인에게 돌아온다.
언제까지나
시인을 시인으로
남게 해주고
시를 계속 쓸 수 있도록
힘 실어주는
시를 사랑 해주는
사람들이다.

눈 내리는 날

아침 일찍 일어나
창을 열고 밖을 보니
하늘과 땅 사이
하늘 길이 열렸네.
활짝 열린
하늘 길 따라 가네.
선계가 따로 없고
모두가 선경이네.

무늬 옷

삶의 편린 주워 모아
무늬 옷
만들어 놓으니
지금까지 단 한번도
보지 못했던
새로운 옷이 되었네.
이 옷으로 갈아입으면
삶의 변화 오리라는
기대와 희망으로
가슴 설레네.

시인의 가슴 1

시인의 가슴에는
맑은 생수 솟아나는
옹달샘이 있다.
생활의 갈증
느낀 사람이나
사랑에 목마른 사람
여행길 나그네
누구에게나
맑은 생수 제공하고
새로운 희망 행복
활력을 찾게 한다.

시인의 가슴 2

닫혀 있는 마음의 문
열어 주라는 거다.
식어 가는
사람들의 가슴에
따뜻한 사랑온기
전하라는 거다.
살아오며 쌓인 한
삶의 응어리
풀어주라는 거다.
삶의 풍요로움
어디 있는가
찾을 수 있도록
안내해 주라는 거다.

제6부

행복의 터전

사랑의 뿌리

가슴에 깊이 내린
사랑의 뿌리
거센 폭풍우에도
흔들림 없네.
가슴에서 피어난
사랑의 꽃송이
오랜 세월 흘러도
아름다움 잃지 않네.

봄 눈

만났다가
헤어짐이
못내 아쉬워
또 다시 만날 날
애타게 기다리는
연인이 되네.

행복의 터전

고향집 울안 텃밭은
어머니가 씨앗 뿌려
가꾸어 가는
행복의 터전이었다.
가족의 행복
꽃으로 피어나는
터전이었다.
고향 떠난 지금은
그 터전 잃고 떠도는
나그네가 되었다.

꽃과의 대화

아내는 날마다
아침저녁으로
화단의 꽃 마주보고
대화한단다.
아침에 일어나면
하루 일 시작 전에
웃음으로 대해주는
꽃들에게 네가 있어
행복하다 인사한단다.
하루 일 마무리 한
석양이면
또 다시 꽃 마주보며
꽃 같은 마음으로
생활 했는가
자신을 돌아본단다.

사랑 꽃

온갖 고난 이겨내고
가슴으로 피워 낸
아름다운 사랑 꽃은
세월가도 지지 않네.
불어오는 바람에도
흔들림 없이
세월이 가면
그 색상 그 향기는
더욱 더 짙어지네.

코스모스

다양한 색상
무늬 옷 갈아입고
애련愛戀한 눈빛으로
누군가를 기다리네.
기다리고 기다려도
풀리지 않는 그리움
길 가는 나그네에게
기다림 풀어 낼
그 끝을 묻네.

들국화 1

나그네 눈 마주치면
웃음 향기 전하며
나그네 가슴에
별 하나 달아준다.
다시 그리워
찾아 갔을 땐
계절 밖으로
떠난 후였다.

들국화 2

수많은 별
가슴에 달고
주변 어둠 밝히고
사람들의 마음까지
밝게 해 주네.
길가다 그 만나면
가슴에 별 빛 가득
담아 보내네.

가을 들녘

코스모스 들국화가
해 맑은 웃음으로
손짓을 하고
황금물결 벼이삭이
손을 흔드네.
가을의 전령사가
합창노래 불러주며
풍요로움 가득한
들로 오라네.

가을 잎새

푸르르게
푸르르게
가꾸어 온 꿈
가을 빛 고운 빛깔
물들였다가
푸르른 꿈 버리고
떠날 줄 아네.
영원한 푸르름은
자신의 것이
아니라네
아니라네.

해당화

바다 그리워
바다만 보고 산다.
바다사랑 일편단심
가슴앓이 하며 산다.
타들어 가는 가슴
알아주는 이 없다 해도
파도소리에
눈을 뜨고 귀를 열어
꽃을 피우고
작은 가슴에
바다를 안고 산다.

바다가 전한 이야기

바다는 날마다
새로운 모습으로
찾아가는 사람들에게
희망의 노래 불러 준다.
행복을 선물하며
튼튼한 사랑의 연결고리
만들어 준다.
떠나는 사람들에겐
한평생 살아가며
행복하려면
바다 같은 마음으로
살아가라는
바다가 전한 이야기
잊지 말라 한다.

휴전선에서

휴전선 마주한
군인들의 눈에선
불꽃이 튄다.
때로는 어둠을 밝히는
밤하늘의 별도 되지만
총 끝에서 터지는
번개 같은 불꽃도 된다.
오랜 침묵 흐르면
어둠을 밝히는 촛불
비둘기 눈빛으로
새 아침을 맞는다.

못자국

어머니 가슴에
수많은 못을 박아 놓고도
못 박았던 지난 날
잊고 살았네.
직장생활 하고
아이들 키우면서야
깨닫게 되었네.
어머니 가슴에
못 박은 줄을 알았네.
어머니 가슴에
박혀 있는 못
빼 드리려 했을 때는
너무 깊이 박혀 있었네.
빼 드리지 못한 못
내 가슴에 남아
오랜 세월 흘러도
빠지지 않네.

파도

두려움을 모르는
젊음의 열정
늠름한 기상인거야.
고독한 절규
한풀인 거야.
가슴속 응어리
풀어내는 거야.
하소연할 수 없는
바다의 독백인 거야.

독백 21

사회를 탓하지 말자
주위를 탓하지 말자
사회구성원의 한사람으로
이제 진정으로
자신을 돌아보자.

어떻게 살아왔으며
어떻게 살아갈 것인가.

인간人間의 욕망
무한無限하다고 하나
그 한계를 두고
초과하지 말게.

삶의 본질
악惡은 푸는 데 두고
선善은 쌓는 데 두게

그대 빨리 잊고 싶은
사람으로 살지 말고

오래도록 가슴속에
남아있는 사람으로 살게.

사랑하는 사람으로부터
받은 상처는
타인으로부터
받은 상처보다
더디 아문다.

독백 22

사람들은
잃어버린 물건物件은
찾으려 하면서
잃어버린 자신은
찾으려 않는다.

그대
드넓은 공간
가지려 말게
연륜이 쌓일수록
사회적
가정적 공간
좁혀져 오는 거니까.

그대
작은 가슴에
사랑 수놓아보게
아름다운 마음
갖게 될 테니.

우리가
잘 산다는 건
부유한 생활 아닐세.
주어진 시간
바르게
잘 쓰며
사는 걸세.

독백 23

우리네 삶에는
요리의 양념처럼
조금의 고독을
필요로 한다.

우리네 어머님들의
광주리 속엔
희망希望의 꽃송이가
담겨져 있다.

슬픔의 꽃은
빨리 피어나
늦게 지지만
행복幸福의 꽃은
늦게 피어나
빨리 진다.

사랑의 열매 중
가장 크고
값진 열매는

봉사로 얻은 열매다.
어차피 피하지 못하고
맛보아야 한다면
먼저 쓴 맛부터
보는 게 좋다.
추위중 가난의 추위가
가장 혹독하다.

독백 24

인간人間들은
사랑이란
이름 속으로
서로가 서로를
끌어들여
속박하며
사는 존재存在

역사歷史며
조상祖上의 뿌리
알지 못하면서
현실에서
어찌 튼튼한 뿌리
내리기 바라는가.

사랑의 나무
옮겨 심어서는
아니 되네.

새로운 뿌리

내리기 위해선
오랜 시간
소요되니까.

어떤 길가도
우리가 길가는 건
다시
돌아오기 위함일세.

독백 25

사랑할 수 있는 능력能力은
신神이 인간에게 부여한
가장 큰 선물인데
이기적인 인간들은
선물로 받은 능력能力
자기만을 위해
쓰려고 한다.

그대 가슴은
드넓은 대지大地
그곳에선 사계절四季節
아름다운 꽃 피워내고
향기로운 열매
맺게 하는
그 끝 보이지 않는
사랑의 뜰

그대
작은 사랑 속에
갇혀 살려 하지 말고

큰 사랑 펴고 살게.

생산生産의 보람
찾으려는 사람보다
소비의 기쁨
누리려는 사람
늘어만 가는
안타까운 현실.

누군가의 가슴에

이근풍 시집

발 행 일 | 2011년 1월 31일

지 은 이 | 이근풍
발 행 인 | 李憲錫
발 행 처 | 오늘의문학사
출판등록 | 제55호(1993년 6월 23일)

주 소 | 대전광역시 동구 삼성1동 125-6 한밭오피스텔 401호
전화번호 | (042)624-2980
팩 스 | (042)628-2983
홈페이지 | http://www.lito77.co.kr(홈페이지)
전자우편 | hs2980@hanmail.net

ISBN 978-89-5669-422-1
값 7,000원